REQUESTE
SERVANT DE FACTUM,

POUR Sebaſtien Aubry, Eſcuyer ſieur de la Houſſaye, Conſeiller du Roy & Lieutenant de la Compagnie du ſieur Lieutenant Criminel de Robbe Courte au Chaſtelet de Paris.

POUR prouver la fauſſeté & la subornation des faux Témoins, produits & ſubornez par Henry Guichard, contre l'Innocence dudit Aubry.

A NOSSEIGNEVRS DE Parlement en la Tournelle.

SVPPLIE humblement Sebastien Aubry, Escuyer sieur de la Houssaye, Conseiller du Roy, & Lieutenant de la Compagnie du sieur Lieutenant Criminel de Robbe Courte au Chastelet de Paris; Disant que chacun connoist Henry Guichard pour l'ennemy declaré du Suppliant, qu'il a formé il y a long-temps le dessein de l'opprimer, qu'il est devenu l'instigateur des nouvelles accusations instruites en la Cour contre luy; Et depuis que Monsieur le Procureur General a esté receu aminima des Sentences qui avoient absous le Suppliant; c'est Guichard qui a esté sa veritable partie, c'est luy qui a juré sa perte, & qui a fait des choses si extraordinaires pour y reussir, que les moindres marques de son animosité ont esté les suppositions, les surprises, les artifices & la subornation ouverte des témoins.

Guichard s'est persuadé que les justes soupçons qui restent encore de ses pernicieux projets contre le sieur de l'Vlly, ne sçauroient estre effacez qu'en supposant de nouveaux crimes au Suppliant; qu'il ne pouvoit establir son innocence que sur sa destruction, & qu'on croiroit sa douleur juste & sa vengeance legitime, parce que le Suppliant l'avoit exposé par sa déposition à une poursuitte extraordinaire, de laquelle il n'a esté absous que parce que cette déposition estoit unique, quoy que tres veritable.

Dans cette veuë cet ennemy capital du Suppliant à voulu

profiter du penchant naturel presque à tous les hommes, de croire aisément le mal; Il a employé les traits de la plus noire calomnie pour donner une peinture hideuse du Suppliant dans les libelles diffamatoires qu'il a debitez; il l'a fait décrier par des déclamations publiques & vehementes, comme un monstre nourry dés son enfance dans le sang, & qui ne comptoit ses jours que par des crimes horribles & capitaux.

Il faut sans doute que dans ce grand nombre de crimes Guichard ait eû de la peine à se determiner sur le choix des plus propres à écraser ce pretendu monstre; Il y a plus de trois années qu'il s'attache avec une entiere application à trouver des moyens pour le perdre, & depuis qu'il a esté chassé de la Maison de Monsieur, il a fait son unique employ de rechercher toutes les actions de la vie du Suppliant; Il a épuisé ce qu'il s'est acquis de lumieres dans les matieres criminelles par une experience fatalle à sa reputation; il a marchandé & suborné des témoins pour soûtenir au Suplians de nouveaux meurtres & des assassinats (sans qu'il y ait eu personne de tué) cependant il n'en a pas assez trouvé pour presser le Iugement d'un procez de l'évenement duquel il esperoit une plaine satisfaction à sa vengeance.

Le public est déja desabusé des fausses predictions de ce calomnieux accusateur contre le Suppliant, & personne ne se peut imaginer que le petit scelerat, destiné par Guichard aux derniers supplices, eust échappé si long-temps à la vengeance publique, & que la Iustice eust esté si lente à punir un coupable si averé; On s'attendoit que les témoins devoyent venir en foule pour déposer de mil exceds commis insolemment, & en plain jour à la veuë de tout le monde; Cependant les vains efforts de Guichard n'ont abouti qu'à suborner quelques malheureux rustiques qui avoient travaillé sous ses ordres aux Bastimens de S. Cloud; Et il est ſurprenant qu'il ayt eu tant de peine à les inſtruire pour ne dire preſque rien de certain, que les nouvelles informations ne ſoient remplies que de dépoſitions de quelques mercenaires, & des ſoldats du dernier ordre qui ne peuvent pas faire la moindre conviction.

L'on ſçait que Guichard commençoit à ſe repentir de la temerité de ſon entrepriſe, & il ſemble que le temps luy avoit appris que l'empreſſement de ſe vanger n'eſt pas toûjours une marque d'innocence, & que quand elle eſt aſſurée on la perſuade bien mieux par la modeſtie & le ſilence; il reconnoiſſoit que ſes éloquentes injures & ſes grandes exagerations par leſquelles il avoit d'abord ſurpris la credulité du vulgaire produiſoient un effet contraire à ſon intention, qu'ils le faiſoient paſſer luy meſme pour un calomniateur: Mais il a creu qu'ayant forcé le Suppliant d'implorer la grace du Prince, & d'obtenir des lettres de remiſſion, il eſtoit à couvert de ce honteux reproche que ſes ſoins n'avoient pas eſté tout à fait inutiles, qu'il avoit du moins l'avantage que ſon adverſaire en s'avoüant criminel juſtifioit ſon reſſentiment.

Il ne ſera pas difficille au Suppliant de faire connoiſtre que les lettres qu'il a obtenuës ſervent de preuve invincible de la calomnie de ſon accuſateur, puiſque de vingt-trois crimes capitaux dont on la voulu charger il n'en a expoſé que cinq; non pas parce qu'il en eſt coupable, mais dans la penſée que les lettres eſtoient le moyen le plus prompt & le plus aſſeuré de briſer des chaiſnes qu'il porte depuis plus de trois années, & pour ſe délivrer des juſtes inquietudes de voir ſon innocence opprimée par le credit dont Guichard s'eſt toûjours vanté depuis le commencement du procez.

Le premier fait expoſé dans ſes lettres eſt le meurtre de Silvain Gouffet, auquel l'impetrant n'a aſſiſté qu'à l'age de 13 à 14 années.

Le second, la blessure du nommé Gillot qui n'est decedé que quatorze mois apres l'avoir receuë, & de maladie à l'Hostel-Dieu.

Le troisiéme, la mort du nommé Pichon, que l'exposant n'a blessé que pour deffendre sa vie, apres avoir veu jetter sur le carreau deffunt Pierre Aubry son frere.

Le quatriéme, la mort de André Brunault au Village de Chailliot pendant que l'exposant estoit en cette Ville comme il justifiera dans la suitte.

Le cinquiéme, du nommé de la Haye coupeur de bource blessé par Chasteau-Neuf archer du Suppliant, lors qu'il faisoit sa charge.

Aubry n'aprehende pas que par la declaration qu'il a faite de ces cinq actions, on luy reproche de s'avoüer criminel dans le mesme temps qu'il se soûtient innocent; il espere de monstrer qu'il a obtenu des lettres bien moins pour prevenir la peine que pour asseurer son innocence, & de faire voir par le détail de ces cinq affaires, que ce n'est point la honte d'avoüer le crime qui luy fait chercher les moyens d'éviter le nom de coupable, que s'il se croit innocent, ce n'est point un erreur à laquelle l'envie de le paroistre ayt accoûtumé son esprit depuis sa longue détention, mais une verité que tous les artifices de Guichard ne peuvent déttuire.

Premier fait exposé par les lettres de Silvain Gouffet.

LA mort de ce garçon Plombier est arrivée en 1664. & en ce temps là l'Impetrant n'estoit agé que de 13 à 14 années, ce n'est pas luy qui a esté accusé de cette action lors qu'elle est arrivée mais deffunt Pierre Aubry son frere, il est vray qu'il y estoit present, qu'il prit une grande épée dans la maison de son Pere, & courut au bruit d'un valet

qui

qui se pleignoit que Silvain Gouffet & d'autres particuliers luy vouloient voller les chevaux qu'il ramenoit de l'abrevoir; Il est encores vray que le Suppliant fit des efforts innutils pour deffendre ce vallet, & que deffunt Pierre Aubry son frere plus agé que luy porta un coup d'épée au garçon Plombier dont il mourut.

Le Substitud de Monsieur le Procureur General au Chastelet n'oublia rien pour découvrir les preuves de cét affaire, mais personne ne la imputée au Suppliant, & les parens du decedé ne l'ont point compris dans la poursuitte extraordinaire.

En l'année 1669. on a informé contre Sebastien Aubry touchant la mort du nommé Pichon, & pour le rendre plus odieux, on la soûtenu complice de celle de Silvain Gouffet, des témoins ont esté entendus, il a esté déchargé de l'un & de l'autre.

En 1675. lors de la fameuse accusation du sieur de l'Ully contre Guichard, ce dernier n'a pas seulement renouvellé celles qui avoient esté intentées contre le Suppliant il la mesme voulu charger de tous les crimes commis par ceux qui portoient le nom d'Aubry, il a fait de nouveau confronter des témoins sur le fait de ce garçon Plombier, mais il y a si peu reussi que les autres accusateurs en l'année 1670. & le Suppliant en a encores esté absous.

Guichard toûjours insolent dans sa deffence, a écrit & fait plaider avec la derniere vehemence que cette Sentence estoit l'ouvrage des Juges interessez à sauver le Suppliant; Mais il ne sera pas difficille de faire connoistre à tout le monde, que cét imposteur à abusé de la credulité du vulgaire, & que l'absolution de Sebastien Aubry a esté de la Justice la plus exacte & la plus severe.

Lors que le meurtre de Silvain Gouffet est arrivé on a

fait entendre dans les informations qui ont esté faites les témoins qui en avoient une plaine connoissance.

Vincent Dubreüil entendu pardevant le Commissaire Plomet a deposé qu'il vit deffunt Pierre Aubry frere de l'Impetrant, sortir de la maison de son Pere, & qu'il donna des coups d'épée à Silvain Gouffet dont il tomba mort sur la place.

Iean Besnard, *Qu'un petit garçon qui estoit Sebastien Aubry, alla l'épée à la main contre Silvain Gouffet, mais qu'il ne le pû joindre, parce qu'il se deffendoit d'une fourche, & que le frere de ce petit garçon un peu plus grand porta des coups d'épée à Silvain Gouffet dont il mourut.*

Par le témoignage de ces particuliers d'autant plus considerables qu'ils estoient presens à l'action, & qu'ils ont deposé dans le temps qu'elle s'est passée il doit demeurer pour certain que deffunt Pierre Aubry est l'autheur de la mort de Silvain Gouffet.

La deposition des autres témoins justifie nettement que le Suppliant estoit dans l'impuissance par la foiblesse de son age de blesser Silvain Gouffet, & qu'au contraire il en fut mal traité.

Iean Regnault, que le garçon Plombier jetta le petit Aubry dans le roüsseau avec une fourche.

Iean Dubuisson qu'il vit le petit Aubry sous Gouffet.

Claude de la Marre, que Gouffet maltraita le petit Aubry, & que luy témoin le tira de dessous Gouffet.

Apres des preuves si évidantes de l'innocence de Sebastien Aubry, & les efforts innutils de Guichard pendant l'instruction du procez au Chastelet pour en trouver de contraires il estoit difficille de luy attribuer la mort de Silvain Gouffet; cependant son accusateur a persuadé à quelques esprits foibles que les premiers Iuges avoient favorablement fermé les yeux aux lumieres qu'ils avoient de la conviction de ce premier crime contre le Suppliant; c'est à dire qu'ils estoient injustes de ne l'avoir pas cru coupable sur la parolle de Guichard, & de l'avoir declaré innocent sur la déposition des témoins.

Mais on ne peut pas desirer d'argument plus convaincant de cette insolente calomnie, que les nouveaux témoins marchandez par Guichard sur l'appel aminima; car s'il y en avoit assez pardevant les premiers Iuges pour en convaincre le Suppliant ses soins pour en trouver d'autres estoient inutils, comme en effet ils l'ont esté, & c'est ce qui reste à examiner touchant ce premier chef d'accusation exposé dans les lettres obtenuës par le Suppliant.

Pretendues preuves sur l'appel aminima de la mort de Silvain Gouffet.

IL sera difficille de faire passer cette procedure pour reguliere, & que ce n'est pas violer toutes les reigles de la matiere criminelle d'instruire contre un accusé des accusations dont il a esté absous par des Sentences qui assuroient son estat.

Il paroistra aussi extraordinaire que pour soûtenir cette procedure vicieuse on ayt fait de nouveau entendre des témoins qui avoient déja esté entendus au Chastelet comme Pierre Godeffray témoin de l'information du Commissaire Galleran du 3. Novembre 1666. qu'on n'a pas laissé de faire deposer en la Cour.

Mais qu'elle foy pourra-t'on donner à des témoins instruits par Guichard qui viennent deposer des faits depuis 15. années sur des oüy dire; Pourra-t'on ballancer à se determiner sur la deposition de ceux qui marquent les circonstances des actions dans le temps qu'elles se sont passées, ou à former son Iugement sur la declaration des autres qui ne parlent qu'avec incertitude, qui ont demeuré dans le silence depuis tant d'années, & dans une accusation où il s'agit de faire perdre l'honneur & la vie, establira-t'on la conviction du crime contre le Suppliant par des preuves douteuses, & suspectes où son innocence par la déposition des témoins qui ont veu commettre le crime par un autre que luy, & par deffunt Pierre Aubry son frere.

Personne ne pourra douter de l'incertitude des nouveaux Témoins & de la facilité que Guichard a trouvé pour les faire déposer; Aprés *qu'Antoinette Grocheton a dit sur la mort de Silvain Gouffet qu'elle y estoit presente aux grands jours d'Esté sur les huit heures du soir*; Cependant il est trés-constant que c'est au mois de Fevrier en 1664 aux jours les plus courts de l'année, n'est-ce pas une marque infaillible de la fausse deposition de ce Témoin, qui d'ailleurs n'a pas sceu declarer qui avoit donné le coup à Gouffet.

De tous les autres il n'y en reste que deux qui accusent l'Impetrant de ce meurtre.

Le premier Iean Marquet qui avoit déposé *que le Capitaine Aubry avoit passé l'épée au travers du corps de Silvain Gouffet son garçon*; Mais il faut retrancher cette déposition, parceque ce Témoin à la confrontation a declaré qu'il ne connoissoit point Sebastien Aubry.

L'unique Témoin qui reste est Iean Caillon, c'est un particulier Lacquais à Madame Dalluy qui logeoit à l'Hôtel de Sourdis lors de l'affaire de Gouffet; Il estoit du nombre des domestiques de cét Hostel, contre lesquels le Suppliant & defunct son frere avoient fait informer, & qui n'ayant pas pu dans le temps de ce procés faire une déposition vallable, il en fait aujourd'huy une fausse pour se vanger du Suppliant.

Ce

Ce Témoin lors de sa déposition a declaré *qu'il n'estoit âgé que de 28 années*, de sorte que quand Silvain Gouffet a esté tué il n'en avoit pas encore quatorze; Il estoit donc impubere, incapable par consequent de témoigner non seulement à cause de la foiblesse des sens, mais parcequ'en cét âge il ne pouvoit pas connoistre la consequence d'une déposition, & que son ignorance & la foiblesse le pouvoient rendre facile à estre suborné.

Les témoins occulaires de l'information faite dans le moment du delit declarent que c'est le frere du Suppliant, & ce nouveau témoin soûtient que c'est luy 15 années aprés, non pas parce qu'il l'a veu ou qu'il s'en souvient, mais parceque Guichard l'a suborné pour le dire.

Mais cette unique déposition quand elle seroit aussi veritable qu'elle est fausse, ne pourroit pas faire une demie preuve selon les Docteurs, & encore qu'un témoin assure qu'il ait esté present à l'action soit d'un grand poids quand il est seul il ne doit pas estre écouté.

Cependant cette seule deposition est le fruict des instructions de Guichard, c'est le succés de ses longues recherches, & cét Accusateur qui n'a suspendu ses poursuites que pour composer quelques Commedies aux Farceurs de la Foire S. Germain, n'a pas pû trouver d'autres témoins à marchander touchant cette accusation; Ainsi le Suppliant a eu raison de dire qu'il n'a obtenu des Lettres non pas à cause qu'il est coupable des crimes qu'il expose, mais pour s'assurer contre les surprises de son ennemy.

Deuxieme faict exposé par les Lettres Iacques Gillot.

L'Impetrant a declaré qu'au mois de Iuillet 1668 estant allé avec un de ses amis dans la ruë Coquilliere pour loüer un Carrosse, ils firent marché avec le loüeur,

& comme ils vouloient s'en aller survint un grand Lacquais qui demanda aussi un Carrosse, on luy fit réponse qu'il n'y en avoit point d'autre que celuy que le Suppliant & son Amy avoient payé; Ce grand Lacquais nommé Jacques Gillot voulut l'avoir, & il répondit au refus qu'on luy en fit par des injures & des menasses de coups de bâton; Cette insolence obligea le Suppliant de mettre l'épée à la main, il en porta quelques coups à ce nommé Gillot qui en fut blessé, mais estant guery de sa blessure il mourut de maladie à l'Hostel-Dieu 14 ou 15 mois aprés.

Si le Suppliant depuis l'oppression qu'il souffre n'avoit pas lieu de tout craindre, il n'auroit pas exposé un faict de cette qualité dans des Lettres de remission, & il se seroit contenté de dire pour toutes defenses qu'il a esté absous de cette accusation par une Sentence contradictoire; Que Gillot n'est pas mort de sa blessure, que luy & Pierre Gillot son frere ny son heritier ne l'ont point poursuivy, qu'il n'a point d'autre partie que Guichard qui n'a renouvellé cette action que pour faire plus d'impression par le nombre des accusations quoy qu'inutiles ou fausses.

Dans l'instruction nouvelle de cette affaire, comme dans toutes les autres, Guichard a fait confronter des témoins qui auroient esté entendus auparavant la Sentence d'absolution, & entr'autres Nicolas Cuisin & Robert Clouant; & à l'égard de ce dernier la subornation paroist si sensible par la confrontation qu'il n'y a qu'à la lire pour en estre persuadé.

Ce Témoin est le quatriéme de l'information du mois d'Aoust 1668, il n'avoit pour lors que douze années; c'est un Lacquais que Guichard a envoyé à la Conciergerie pour reconnoistre le Suppliant, il y est venu souvent le regarder, & lors qu'il a esté confronté il est demeuré d'accord, *qu'il y avoit esté une fois avec un garçon qu'il rencontra dans la ruë qu'il ne connoißoit pas, & dont il ne sçavoit pas le nom pour voir une personne qui n'estoit point de sa connoissance, qu'il vit en se promenant le Suppliant, & qu'il reconnut pour estre celuy contre lequel il avoit deposé en l'année 1668.*

Chaque mot de ce Témoin sert de preuve invincible de sa subornation, & sans doute il ne s'attendoit pas, & Guichard n'avoit pas preveu que le Suppliant le reconnoistroit pour celuy qui le venoit regarder entre les yeux, puisque ce Témoin surpris par ce reproche a fait une réponse si peu croyable, *qu'il est entré dans la Conciergerie avec un garçon qu'il ne connoissoit point, & pour voir un prisonnier qui n'estoit pas außi de sa connoissance.* Pouvoit-il marquer plus sensiblement que Guichard l'avoit payé pour entrer dans la Conciergerie, & s'accoûtumer au visage du Suppliant, afin de le reconnoistre à la confrontation? Pouvoit-il mieux découvrir que le Suppliant est le ~~Témoin~~ + prisonnier qu'il ne connoissoit point, & que le garçon dont il fait semblant d'ignorer le nom est le Lacquais de Guichard qui le conduisoit?

Ce mesme Témoin avoit oublié le temps de l'affaire de Gillot, il a declaré qu'il n'y avoit que six ou sept années, & il y en avoit plus de neuf; il ajoûte que le Suppliant descendit d'une chambre d'une maison de la ruë Coquilliere avec une Damoiselle; cependant & dans sa deposition & dans le recollement cette circonstance luy estoit échapée, il s'en souvient neantmoins 9 années aprés, parce que Guichard l'en a fait ressouvenir; Enfin ce Témoin a *reconnu le Suppliant à sa taille & à sa mine*, quoy que tout le monde convienne qu'à peine ceux qu'ils l'ont veu en ce temps-là le reconnoissent aujourd'huy; On peut dire pourtant que ce Témoin a dit la verité en la voulant déguiser, & qu'en effect il a reconnu le Suppliant à son air, parcequ'il l'avoit veu depuis peu à la Conciergerie, c'est la maniere de Guichard pour instruire les Témoins; C'est ainsi qu'on a veu les repeter à l'entrée de la Tournelle lors qu'ils ont esté confrontez au Suppliant; C'est dans cét esprit de subornation qu'on l'a entendu les flatter de mille recompenses avant que d'entrer dans la Chambre, & qu'on l'a veu dans des emportemens vômir mille injures contre les mesmes Témoins lors qu'ils avoient oublié ses instructions, & que par les réponses aux objections du Suppliant ils s'estoient egarez de la route qu'il leur avoit tracée & laissoient par leurs contradictions & leurs surprises des marques de la subornation & de la fausseté de leurs dépositions.

Il est certain que jamais Guichard ne se pouvoit servir moins à propos & moins utilement de ces mal-heureuses pratiques que touchant l'accusation de ce Gillot, parce qu'il paroist par le certificat des Vicaires de l'Hostel-Dieu, qu'il y est decedé le 28 Aoust 1669, & il n'avoit esté blessé par le Suppliant qu'en Iuillet 1668. Aussi Pierre Gillot son frere est demeuré d'accord par sa deposition & confrontation qu'il estoit mort dans cét Hôpital long-temps aprés.

Ce Certificat confirmé par l'aveu du frere du blessé est un tiltre incontestable de l'innocence du Suppliant, à qui on impute faussement la mort de Iacques Gillot, une funeste experience nous a apris que l'effect d'une blessure mortelle pour estre suspendu, par les soins & les secours des Chirurgiens pendant quarente jours; Mais aprés ce terme tout leur art demeure inutil, & quand le blessé passe au delà on ne peut pas dire que sa playe ait esté la cause de sa mort, ainsi celle de Iacques Gillot n'estant arrivée que

que plus d'une année aprés avoir esté blessé, il faudroit renverser les regles de la matiere criminelle pour accuser le Suppliant d'en estre l'autheur.

Tout le monde est informé qu'aprés cette blessure Gillot a paru dans le public qu'il agissoit dans ses affaires, & s'il est retombé malade sa maladie doit estre attribuée à une autre cause qu'à sa blessure.

Pierre Gillot son frere dit dans sa deposition, *qu'il l'a fait recevoir à la Charité & ensuite à l'Hostel-Dieu*; Il n'est pas possible de concevoir que dans ces lieux où la multitude des malades rend l'air impur & trés-dangereux pour les blessez Iacques Gillot eût vécu 13 à 14 mois atteint d'un coup mortel, & qu'il eût trompé la commune opinion de tous les Medecins fortifiée de l'experience de tant de siecles.

Ainsi Guichard a suborné des témoins pour prouver qu'Aubry a blessé Gillot, mais non pas qu'il l'ait assassiné, cette action n'a esté precedée d'aucun mauvais dessein, elle a esté l'ouvrage d'un moment & d'une prompte colere allumée par des menaces de coups de baston, desquelles Nicolas Cuisin dépose formellement dans l'information.

Presque parmy toutes les Nations les coups de baston ont toûjours passé pour la derniere & la plus honteuse des vengeances, mais la bassesse de celuy qui s'en veut servir la rend encore plus injurieuse. Jacques Gillot estoit un Lacquais qui a eu l'impudence d'en frapper le Suppliant, la personne du monde la plus moderée auroit eu de la peine à se contenir & à ne pas punir d'un coup d'épée l'insolent outrage d'un Lacquais.

Cette affaire tout excusable qu'elle est, ce pretendu meurtre, sans qu'il y ayt eu personne de tué, fait nombre dans les assassinats dont Guichard accuse le Suppliant, & si l'on croit ce calomniateur Aubry qui ne vit jamais Jacques Gillot que chez le Loüeur de Carrosse avoit premedité de l'assassiner, & il avoit employé autant de temps à prendre des mesures pour le faire, que le sieur de Lully a accuse Guichard d'en avoir pris pour preparer un certain nombre de Tabatieres qu'il devoit donner à plusieurs amis pour en faire un funeste present à celuy qu'il ne pouvoit souffrir maistre de l'Opera.

Troisiéme faict exposé par les Lettres Noël Pichon.

EN l'année 1669 l'Impetrant & le nommé Daiguemont allans à cheval se promener à Passi trouverent defunct Pierre Aubry & le nommé Dornoy avec deux femmes qui revenoient la mesme route, en chemin faisant Dornoy donna quelques coups de canne à un gueux qui luy avoit dit quelques paroles insolentes; ce gueux cria au voleur & au meurtre, & à ce bruit accoururent cinq Archers du Prevost de l'Isle, lesquels sans prendre aucune connoissance de ce qui s'estoit passé lascherent quatre coups de mousqueton, dont defunct Pierre Aubry fut tué sur la place; Cependant le Suppliant se trouvoit exposé au feu & aux coups de ses Archers & dans le desespoir de voir son frere expirant, il se defendit contre ces Archers & particulierement contre Noël Pichon, & possible que dans la meslée il luy porta quelque coup d'épée, aprés avoir receu un coup de pistollet qui perça son chapeau & un coup de mousqueton.

Cette accusation a eu le mesme succés que les autres, le Suppliant en a esté absous par deux Sentences contradictoires, parcequ'il n'y avoit point de preuve contre luy, il n'y a pas un témoin qui ayt reconnu le Suppliant dans la confrontation.

Sur l'appel à minima il y en a assez pour convaincre Guichard qu'il a voulu sur ce chef particulier, comme par les precedens suborner les Témoins.

Vincent Crevon, Marchand Mercier demeurant ruë Saint Honoré a declaré lors de la confrontation, que le sieur Guichard l'est venu trouver, il luy a dit qu'il falloit servir un honneste homme, & perdre un coquin comme l'accusé, & qu'il l'avoit voulu obliger de deposer que l'accusé avoit lardé comme un cochon un de ceux qui fut tué dans l'occasion, ce que le Temoin n'a voulu faire, parcequ'il n'en avoit pas de connoissance.

Iean Belac l'un des Archers du guet, l'un de ceux qui avoit tué defunct Pierre Aubry frere, lors qu'il fut entendu dans l'information faite lors de l'action n'a point parlé du Suppliant, mais seulement de quatre Quidams qu'il n'a point nommez.

Cependant ce mesme Témoin à la confrontation faite 9 années aprés a reconnu le Suppliant, ce temps rend la foy de sa deposition bien suspecte & sa qualité encore davantage, il estoit partie du Suppliant, & du nombre de ceux qui ont tué son frere.

Noelle Pinson a esté aussi oüie au Chastelet, & pour lors elle n'a rien dit de considerable contre le Suppliant; mais quand elle a esté entenduë de nouveau elle a fait une longue deposition remplie de plusieurs circonstances, *qu'elle a appris de Guichard qu'elle finit par un ouy dire, & qu'elle ne connoist pas le Suppliant.*

Il faut avoüer ou que jamais on ne pourra prouver la subornation, ou qu'elle est demontrée contre Guichard par ces trois Témoins.

Crevon soûtient formellement que Guichard l'a voulu

engager de deposer contre le Suppliant ce qu'il ne sçavoit pas.

Belac ne connoissoit point Sebastien Aubry lors qu'on a tué Pichon, ce Belac pourtant estoit present à l'action, c'est luy qui avoit tiré avec les autres plusieurs coups, & de l'un desquels deffunt Pierre Aubry fut tué.

Il avoit interest de vanger la mort de Pichon son Camarade, il avoit la memoire rescente de tout ce qui s'estoit passé, cependant il ne connut pas pour lors le Suppliant, & neuf années aprés il luy soûtient le contraire de ce qu'il avoit soûtenu au Chastelet.

Noelle Pinson ne dit presque rien quand elle est entenduë dans le moment de l'action, & presentement depose de plusieurs faits qui remplissent deux pages.

Il est difficille de comprendre pourquoy ces témoins ont la memoire plus heureuse apres plusieurs années qui la font perdre que dans le temps de l'action où elle est rescente; Il ne peut pas y avoir d'autre raison que parce que Guichard a trouvé plus de facilité à suborner ces deux miserables témoins que Vincent Crevon que tout le monde connoist pour homme d'honneur qui fait un negoce tres-considerable.

Ainsi Guichard ne se coutente pas de passer pardessus toutes sortes de reigles, & de faire entendre & confronter des témoins sur une mesme accusation qui l'avoient déja esté au Chastelet, il faut que ce calomniateur adjoûte encore la subornation au vice de la procedure.

Mais quand il seroit vray que par quelques depositions des témoins, des anciennes ou nouvelles informations on auroit trouvé que le Suppliant estoit present lors que Pichon a esté tué, & qu'il luy auroit mesme porté quelque coups d'épée, peut-on s'imaginer une action plus inno-

cente,

cente, il auroit entendu son frere blessé mortellement comme deposé quelques-uns de ces témoins l'appeller à luy pour rendre le dernier soupir entre ses bras & qui imploroit son secours, il se seroit veu accablé de toutes parts par plusieurs Archers qui l'avoient attaqué & ceux qui estoient avec luy sans les connoistre ; & oubliant la conservation de sa vie il n'auroit pas repoussé ces agresseurs par une deffence naturelle & legitime, il auroit esté insensible à la voix d'un frere mourant ; en un mot Guichard pretend-il qu'il fut criminel parce qu'il ne se seroit pas laissé tuer ?

Quatrième fait exposé par les lettres, la Haye dit le Hongneux.

CE la Haye est un coupeur de bource, le Suppliant dans l'exercice actuel de sa charge ayant esté à l'Eglise Nôtre-Dame où ordinairement ces sortes de gens se trouvent pour voller, le nommé Chasteauneuf l'un des Archers du Suppliant l'ayant reconnu le voulu prendre, il se deffendit en poussant cét Archer à l'extremité, il fut contraint pour la deffence de sa vie de parer les coups de ce coupeur de bource, & de luy en porter aussi quelques-uns dont on pretend qu'il soit mort.

Ce la Haye estant blessé fut porté à l'Hostel-Dieu, mais il ayma mieux negliger sa blessure que de s'exposer à la punition de ses crimes, sa fuitte paroist par un procez verbal de perquisition produit au procez.

Comme l'on impute au Suppliant les actions les plus indifferentes à crime il a esté obligé d'exposer ce fait, parce qu'estant present à l'action Guichard en a fait un monstre, quoy que sa presence fut de necessité & de son devoir pour remplir les fonctions de sa Charge.

On a produit au procez seize écrouës contre le nommé la Haye; & des Certificats comme il a esté fletri; on a encores rapporté des procedures criminelles faites contre luy & sa femme par les Iuges de Meulan, & il est justifié plus clair que le jour que ce miserable n'avoit pas d'autre exercice que de coupper des bources & de voller; Cependant Guichard qui s'est estudié depuis long-temps à inventer des noms pour des personnages de Teatre, s'est advisé de donner à ce couppeur de bource des Lettres de Commis de grand Arpenteur de France, & par cette importante qualité il a voulu persuader que ce n'estoit point un volleur.

Cét Accusateur pour monstrer que les Escroües & les recommendations produites n'estoient pas contre le nommé de la Haye, blessé devant l'Eglise Nostre Dame, a fait joindre au procez une information & un decret contre un autre la Haye, dit le Petit Boheme, contre lequel il a pretendu que ces decrets avoient esté decernez: Mais il suffit pour découvrir cét artifice de remarquer que ce la Haye blessé par Chasteauneuf, a declaré par le premier article de l'interrogatoire qu'il a subi pardevant le Iuge de la Barre du Chapitre *qu'il estoit agé de 38 années, qu'il estoit marié, & sa femme arrestée avec luy à Meulan, & interrogée de la qualité de son mary, a declaré qu'il n'en avoit point d'autre que d'estre couppeur de bource*; Ainsi ce jeune la Haye, dit le petit Boheme n'avoit que 15 à 16 années, Guichard l'a ainsi écrit, il l'a soûtenu, & celuy dont il s'agit en avoit 38. & estoit marié il y a long-temps.

Mais il importe peu au Suppliant que la Haye fut un couppeur de bource ou Commis du grand Arpenteur, il ne l'a point blessé, il n'y a aucuns témoins ny dans les anciennes ny dans les nouvelles informations qui le deposent, & aucun ne luy a soûtenu dans les confrontations.

Au contraire la Haye enquis pardevant le Iuge de la Barre du Chapitre qui luy avoit donné le coup, *il a fait réponce que c'estoit Chasteauneuf.*

Le mesme jour & dans le mesme moment la Haye confronté à Chasteauneuf luy a soûtenu *que c'estoit luy qui l'avoit blessé.*

La Haye confronté encore au Suppliant, a declaré *que ce n'estoit pas luy qui l'avoit blessé, mais Chasteauneuf.*

Tous les témoins entendus sur ce fait deposent que c'est un grand homme qui a donné le coup d'épée à la Haye, & d'une taille peu conforme â celle du Suppliant.

Ce deffaut de preuve a fait qu'Aubry a esté renvoyé absous de cette accusation, cependant Guichard dans la confiance de persuader toutes les impostures qu'il imagine, s'est obstiné a faire encore entendre des témoins touchant cette affaire qui ne preuvent autre chose, sinon que Chasteauneuf a blessé la haye, & que le Suppliant y estoit present.

Cette presence estoit necessaire, il avoit ordre de prendre garde aux couppeurs de bource dont tout le monde se pleignoit, il trouva la Haye déja convaincu tant de fois & fletri, Chasteauneuf fit ses efforts pour le prendre, il le blessa, & on voudra que le Suppliant soit garend de cette blessure, en verité pour peu qu'on se veille deffaire de la prevention on jugera aisément que c'est la derniere vexation.

Cinquiéme fait exposé dans les lettres, André Bruneau.

EN l'année 1667. André Bruneau a esté tué apres une querelle survenuë entre luy, les nommez Maugin, la Noüe, Tartenat, & deffunt Pierre Aubry.

Le Suppliant a expliqué cette affaire non parce qu'il y estoit present, mais à cause que quelques témoins subornez par Guichard luy ont soûtenu qu'il estoit du nombre de ceux qui eurent querelle à Passy dans laquelle Bruneau fut tué.

C'est particulierement à l'égard de ce chef d'accusation que l'on peut voir une exemple de la plus injuste oppression qui ayt jamais paru en Iustice.

Lors que l'on a instruit au Chastelet l'affaire de Pichon on a renouvellé cette affaire, & le Suppliant en a esté renvoyé absous.

Quand Guichard pour affoiblir la déposition d'Aubry contre luy l'a voulu persuader coupable d'un infinité de crimes, & le charger de toutes les iniquitez de ceux qui portoient son nom, il n'a pas trouvé de jour pour accuser le Suppliant d'avoir assisté au meurtre d'André Bruneau.

Sur l'appel à minima ses artifices ont mieux reüssi, il a trouvé quelques mercenaires qui travailloient au bastiment de S. Cloud avant qu'il eût esté chassé de la Maison de Monsieur, & quelques Soldats ausquels il a fait faire quelques dépositions, dont la fausseté paroist par des circonstances si pressantes qu'il n'y a pas lieu d'en douter.

1°. La mere d'André Bruneau & Aimé Bruneau son frere ont porté leur plainte de sa mort au Commissaire le Guay, mais ils n'en ont accusé que les nommez Maugin, la Noüe & defunct Pierre Aubry Frere du Suppliant, ce qui est d'autant plus considerable que cette mere & ce Frere estoient presens à l'action, tous les Témoins le déposent, & eux-mesmes en ont convenu par leur plainte.

2°. Guichard a fait tous ses efforts pour engager la mere de Bruneau d'intervenir & de se declarer partie, mais comme elle est d'une grande pieté, elle a resisté jusques icy aux per-

persuasions de ce calomniateur, & n'a pas voulu par une lâche complaisance soûtenir une fausseté si évidente, il y a lieu d'esperer que nonobstant la foiblesse de son âge elle resistera encore à ces vaines promesses.

3°. Lors de la premiere entrée du Roy en la ville de Doüay deffunct Pierre Aubry a pris des Lettres de grace, il a advoüé qu'il estoit coupable de la mort d'André Bruneau avec les nommez Maugin, la Noüe, & Tartenat, mais il n'a point parlé du Suppliant son Frere; Ces Lettres sont produites au procés.

4°. Si Sebastien Aubry eût esté du nombre de ces complices, il n'auroit pas negligé de profiter des graces que S. M. faisoit à l'occasion de son Entrée Triomphante à Doüay, il y estoit pour lors, & pour le justifier il rapporte un Certificat du sieur de Rocheplate Lieutenant des Gardes de Monsieur, il estoit actuellement dans le service; & puis que son Frere avoit trouvé moyen d'obtenir sa remission, il auroit eu la mesme facilité, c'estoit le mesme crime.

5°. Tous les Témoins entendus dans l'information faite à la Requeste de la veufve Bruneau deposent que lors que son fils fut tué il y avoit quatre hommes, & d'un autre côté il a aussi esté prouvé que ces quatre hommes estoient deffunct Pierre Aubry, Maugin, la Noüe & Tartenat; mais Guichard veut nonobstant ce témoignage certain de ceux qui estoient à l'action & qui l'ont veuë, qu'il y en ait eu un cinquiéme, & que c'estoit le Suppliant.

Il est certain que lors que cette affaire s'est passée le Suppliant estoit à Paris, qu'il n'en est pas sorty ce jour-là, & la preuve en seroit aisée, si d'ailleurs il n'avoit pas justifié qu'on ne l'a jamais pretendu complice de la mort d'André Bruneau, qu'il n'y en a rien dans l'information qui en fut faite pour lors; Que la Mere & le Frere du decedé preſens à ſa bleſſure ne l'ont jamais pourſuivy; que defunct Pierre Aubry ſon Frere a obtenu des Lettres de remiſſion de ce meurtre.

Aprés ces obſervations il eſt mal-aiſé d'ajoûter foy à tout ce que les Temoins de la nouvelle information ont pu depoſer à la ſuſcitation de Guichard, il en faut pourtant examiner les depoſitions pour en faire connoiſtre la fauſſeté.

Pierre Auffroy Vigneron, *Qu'il avoit veu le matin qu'André Bruneau fût tué au nombre de 5 ou 6, à la confrontation qu'il croit connoiſtre l'accuſé à ſa phyſionomie.*

Lors que ce Témoin a eſté confronté le Suppliant a fait remarquer à M. le Commiſſaire qu'il eſtoit plein de vin, qu'il vomiſſoit mille injures contre le Suppliant, qu'il le menaçoit par l'organe de Guichard, & qui eſtoit difficile qu'une veuë troublée par les fumées du vin, fut plus perçante que celle des Temoins qui avoient eſté preſens à l'affaire de Bruneau, que ces derniers n'avoient pas reconnus le Suppliant, & un yvrogne apres pluſieurs années ſoûtenoit qu'il le diſtinguoit parmy mille objets que ſon imagination troublée luy repreſentoit.

Ce Temoin ajoûte, *qu'il ſe ſouvient qu'il y avoit 5 ou 6 perſonnes*, & cependant tous les Témoins qui ont parlé preciſement de l'action comme preſens n'ont fait mention que de quatre; & ſe ſont tous accordez dans ce nombre.

Enfin ce miſerable ruſtique enyvré par Guichard declare, *qu'il croit que c'eſt le Suppliant à ſa phyſionomie*; Mais l'incertitude d'un homme en cet eſtat rend ſon temoignage inutil, ſur tout dans une accuſation capitale, où la premiere qualité eſſentielle pour le rendre valable doit eſtre la connoiſſance certaine que le temoin doit avoir de l'accuſé.

Mathurin Auffroy a depoſé, *qu'il croyoit que le Suppliant*

eſtoit celuy dont il a entendu parler dans ſa depoſition; Ainſi ſa depoſition eſt auſſi incertaine que celle du precedent témoin, & ſi peu recevable que la premiere.

Marguerite Petit ſervante de la veufve Bruneau depoſe, *qu'elle vit venir chez ſa Maiſtreſſe les nommez Maugin, la Noüe, Tarterat & Aubry.*

Dans la confrontation elle a ſoûtenu que le Suppliant eſtoit celuy contre lequel elle avoit eſté entenduë, on ne peut pas une plus grande fauſſeté.

La veufve Bruneau qui ſuivoit par tout ſon fils, que la querelle arriva qui le fut chercher, comme diſent les Témoins, au Cabaret des trois Faiſans, n'a point reconnu Sebaſtien Aubry, & Marguerite Petit ſa ſervante vient fauſſement ſoûtenir que c'eſt luy, elle qui dans le temps de la bleſſure d'André Bruneau n'en a point parlé.

Cette malheureuſe ſubornée par Guichard détruit elle-meſme ſa depoſition, & laiſſe des marques infaillibles de la verité qu'elle veut trahir, elle convient qu'elle vit venir chez elle les nommez Maugin, la Noüe, Tarterat & Aubry.

Cét Aubry evidemment n'eſtoit point le Suppliant, mais deffunct Pierre Aubry ſon Frere; C'eſt luy qui a eſté accuſé avec les autres complices; C'eſt luy que la Mere & le Frere du bleſſé ont pourſuivy; C'eſt luy qui a obtenu des Lettres de grace; C'eſt contre luy que les informations ont eſté faites, & le procés inſtruit, & quand unze années ſe ſont écoulées deux mercenaires qui ont travaillé ſous Guichard au Chaſteau de S. Cloud viennent aſſurer que c'eſt Aubry déja decedé il y a long-temps, & le Suppliant & une ſervante à l'impudence de le ſoûtenir.

Enfin Jacques Auffroy ſoldat aux Gardes *a ſoûtenu que c'eſtoit le Petit Aubry qui tira le coup de piſtolet à Bruneau.*

C'eſt le troiſiéme témoin du nom d'Auffroy, c'eſt dans

la mesme Famille que Guichard a trouvé des gens à marchander, c'est dans le Cabaret que la negotiation a esté faite, Pierre Auffroy s'y est enyvré, & Mathurin Auffroy n'estoit pas si pris de vin, ces deux premiers n'ont parlé qu'incertainement ; & Jacques Auffroy Soldat plus ferme & plus intrepide a soûtenu la fausseté avec plus d'assurance.

Ce Soldat aux Gardes qui se trouve contraire aux témoins presens à l'action, dit que c'est le Petit Aubry ; c'est un nom de raillerie que Guichard luy a donné depuis le procez du sieur de l'Ully, il ne l'avoit pas lors de l'affaire de Bruneau, & ce témoin l'a retenu de la conversation de Guichard, il ne l'avoit jamais connu, moins encore sous ce nom-là.

Il ne reste donc à l'égard de cette accusation que la deposition de ce Soldat, qui peut estre d'autant moins considerable qu'elle se trouve unique & contraire à celle de ceux qui estoient presens lors qu'André Bruneau fut blessé.

Apres le détail de ces cinq Chefs d'accusation, tout le monde conviendra que le Suppliant n'a passé pour criminel que parce que il a esté témoin contre Guichard, & il aura du moins cét avantage que le temps d'une longue captivité aura découvert les impostures de son Accusateur & son innocence.

Ce Considere' NOSSEIGNEURS ; Il vous plaise donner acte au Suppliant de ce qu'il employe contre les depositions des témoins le contenu en la presente Requeste ; & en consequence qu'en enterinant les Lettres de remission & d'absolution, le Suppliant sera renvoyé quitte & absous des accusations avec dépens, dommages & interests, sauf à Monsieur le Procureur General à prendre contre Guichard & les faux témoins telles conclusions qu'il advisera bon estre, & ferez bien.

Monsieur Mandat Raporteur

[illegible]

www.ingramcontent.com/pod-product-compliance
Ingram Content Group UK Ltd.
Pitfield, Milton Keynes, MK11 3LW, UK
UKHW022205190726
13855UKWH00004B/1636

9 782013 056564